Pierre Bruyant

LA FAMILLE

DE

Jeanne d'Arc

Et les Le Fournier

ORNÉ DE QUATRE BLASONS

NOGENT-LE-ROTROU

IMPRIMERIE-PAPETERIE G. FAUQUET

43, rue Gouverneur, 43

—

1909

LA FAMILLE DE JEANNE D'ARC

ET LES LE FOURNIER

Pierre Bruyant

LA FAMILLE

DE

Jeanne d'Arc

Et les Le Fournier

ORNÉ DE QUATRE BLASONS

NOGENT-LE-ROTROU

IMPRIMERIE-PAPETERIE G. FAUQUET

43, rue Gouverneur, 43

—

1909

PRÉFACE

A Monsieur Pierre BRUYANT va notre plus vive gratitude pour avoir prouvé, par son travail si documenté et si impartial, d'abord notre entière bonne foi, puis la légitimité des prétentions de notre famille à la parenté avec la Vierge de Domrémy. Comme il le dit en effet, si les travaux de M. Boucher de Molandon ne sont pas tout à fait conciliables avec nos traditions, il n'en est pas moins vrai que ce dernier auteur reconnaît la puissance de nos droits consacrés par une possession séculaire et les considère comme irrévocablement acquis.

Telle est la conclusion à laquelle nous croyons devoir nous arrêter tant que des documents nouveaux n'auront pas élucidé les obscurités des origines ni la filiation complète des diverses branches.

Au travail de Monsieur Bruyant nous avons cru devoir ajouter les lettres patentes de Henri II, encore inédites, et la généalogie de notre famille, dans la lignée où la descendance est complète et où il ne peut y avoir aucune contestation.

Docteur **LEFOURNIER**.

Armes officielles de Jeanne d'Arc

YANT fait autrefois des recherches sur Jean d'Arc du Lys, échevin d'Arras, mon attention a été retenue par la lettre récente de M. le comte de Maleissye, parue dans le journal le *Nogentais,* au sujet de la filiation des Le Fournier avec la famille de Jeanne d'Arc. Après avoir revu mes notes, complétées par quelques renseignements fournis très obligeamment par M. le Dr Lefournier, j'ai constaté que je n'étais pas d'accord sur quelques détails avec M. de Maleissye, tout en reconnaissant que la thèse présentant les Le Fournier comme descendants de la Pucelle était discutable, à certains égards. Ce sont les résultats de mon enquête impartiale sur ce problème historique très compliqué que j'ai l'honneur de soumettre aux intéressés, ainsi qu'au public, puisque la question est d'actualité et que, suivant la belle parole de M. le marquis de Maleissye, « Jehanne, la bonne Lorraine, a presque cessé d'appartenir à une lignée pour appartenir à tous les Français ».

Résumons ce qu'on sait aujourd'hui sur la famille de notre grande Française.

Jeanne d'Arc (1412-1431), fille de Jacques d'Arc et d'Isabelle de Vouthon, dite Romée (1), a eu une sœur, Catherine, mariée, sans enfants, et trois frères, Jacquemin, Jean et Pierre (2). Tous trois se marièrent, mais on n'a pas de données positives sur la descendance de Jacquemin, ni sur le fils aîné de Jean, dont on connait le petit-fils, de ce côté (Claude du Lys, procureur fiscal à Domrémy, né vers 1451. — Les

(1) Le surnom de Romée se donnait aux personnes ayant fait le pèlerinage de Rome. La mère de Jeanne d'Arc, née entre 1380 et 1395, mourut le 23 ou le 29 novembre 1458, à Orléans ou aux environs, probablement chez son fils, Pierre d'Arc. — Jacques d'Arc, père de la Pucelle, né vers 1380, mourut à Domrémy entre 1431 et 1440.

(2) Jacquemin d'Arc, réputé l'aîné, a comme fille Jeanne, mariée vers 1450 à N... du Lys, son cousin germain, selon d'autres à Jean du Lys, son oncle.

Jean d'Arc du Lys, écuyer, bailli du Vermandois, capitaine de Chartres, prévôt de Vaucouleurs de 1455 à 1468, meurt entre 1470 et 1476. Marié à N..., il a comme enfants : 1° N... du Lys, père de Claude du Lys, procureur fiscal à Domrémy, né vers 1451, marié à Nicolle Thiesselin; ils ont six ou huit enfants; 2° Étienne ou Thévenin du Lys, dont le fils Didier a quatre fils et cinq filles; 3° Marguerite du Lys, mariée à Antoine de Brunet, dont le fils, Jean de Brunet, épouse Catherine de Thiville.

Jeanne d'Arc (1412-1431).

Pierre d'Arc du Lys, chevalier, chambellan du roi, épouse Jeanne Baudot et meurt dans la banlieue d'Orléans, entre 1465 et 1467. Leur fils, Jean du Lys, épouse Macée de Vésines et meurt en 1501 *sans postérité*.

Catherine d'Arc, née à Domrémy avant 1412, épouse Colin le Maire et meurt avant 1429. — (D'après Boucher de Molandon.)

d'Arc obtinrent en 1429 la faveur d'ajouter à leur nom celui de du Lys). Ces incertitudes sont d'autant plus surprenantes que les membres de la famille de la Pucelle avaient obtenu de Charles VII, en 1429, des lettres d'anoblissement et des privilèges spéciaux (1). Ainsi, les femmes elles-mêmes de la famille de Jeanne d'Arc « avaient le privilège de transmettre à leurs maris, de quelque condition qu'ils fussent, et aux enfants nés de leur légitime union, le titre nobiliaire et les exemptions pécuniaires qui en étaient la conséquence ». Dans ces conditions, on ne s'explique pas très bien que, surtout après la réhabilitation (1456) de la glorieuse héroïne, les membres des diverses branches n'aient pas pris les précautions nécessaires pour conserver les preuves écrites d'une filiation illustre, qui leur donnait, en même temps, des avantages aussi précieux. A défaut d'actes paroissiaux qui ne furent enregistrés par les curés que vers 1570, il y avait, surtout pour les familles nobles, des actes privés et publics. Pourquoi n'en trouve-t-on que pour quelques-uns de leurs descendants ? Un autre Claude du Lys regrette, au début du XVIIe siècle,

(1) Armes de Jeanne d'Arc : *D'azur à une épée d'argent garnie d'or, en pal, couronnée à la royale de même et accostée de deux fleurs de lis, le tout d'or.* Jeanne d'Arc ne porta jamais ces armes. Elle avait fait broder sur son étendard le blason suivant, ainsi décrit par un auteur du XVe siècle : *D'azur et un coulon* (colombe) *blanc dedans icelluy estait; lequel coulon tenait un roole en son bec où avait escript : DE PAR LE ROY DU CIEL.* — (Voir QUICHERAT, *Revue historique :* juillet-août 1877.)

« que ses ancêtres n'ayent pas eu la curiosité de laisser quelque monument par écrit de l'entresuytte de leur naissance ». Ils comptaient probablement, dans les premiers temps surtout, sur la notoriété dont ils jouissaient, et ensuite sur la tradition orale. De là cette obscurité qui, déjà au xvi° siècle, régnait sur la descendance complète de la famille d'Arc, obscurité favorable aux revendications injustifiées, et qui a engendré les erreurs perpétuées jusqu'à nous.

La première généalogie, dressée par Charles du Lys en 1612, reproduite dans les lettres patentes de la même année, puis en 1856 par M. Vallet de Viriville, est remplie d'inexactitudes. MM. Boucher de Molandon, de Bouteiller et de Braux, etc., l'ont suffisamment démontré. Charles du Lys (1569-vers 1634) fut le dernier descendant mâle et direct des frères de Jeanne d'Arc, mais duquel ? Les avis sont partagés. MM. de Bouteiller et de Braux supposent que c'est de Jacquemin, l'aîné. « Charles du Lys, les Malcissye, les Hordal, les Villebresme, les Haldat descendraient de lui. » M. Boucher de Molandon hésite entre Jacquemin, réputé l'aîné, et Jean, le cadet.

Une grave erreur, maintenue pendant près de quatre siècles, a été de croire que Pierre, troisième frère de Jeanne, avait eu quatre enfants : deux fils, Jean du Lys, l'aîné, Jean du Lys, le jeune ; et deux filles, Hauvy (ou Helwide) et Catherine. Or, Jean du Lys, dit l'aîné, a été l'unique enfant de Pierre, et il est mort sans postérité. Il y a là-dessus des preuves irréfutables, et, sans aller plus loin, comment admettre

le même nom de Jean porté par deux frères vivants ? (1)
C'est donc à une autre ligne qu'il faut faire remonter Jean du
Lys, dit le jeune, le seul dont l'existence est incontestée, et
ses sœurs, si toutefois celles-ci ont existé ; déjà, au xvie siècle,
Charles du Lys doutait de l'existence d'Hauvy, et celle de
Catherine est également problématique. Il n'y a jamais eu de
Jeanne du Lys ayant épousé un Villebresme, dit M. de
Maleissye. C'est très exact ; cette Jeanne s'appellerait Cathe-
rine ; pourtant, l'enquête de Caen (voir plus loin) l'a désignée
très vaguement sous le nom de Jeanne.

Malgré toutes les incertitudes généalogiques originelles, il
paraît hors de doute que l'ancêtre de Charles du Lys, et par
conséquent de la famille de Maleissye, est Jean du Lys
(1430-1493), échevin d'Arras en 1481. D'ailleurs, la branche
seule est en cause, car la descendance est certaine. M. de
Maleissye, dans son dernier livre, *les Reliques de Jeanne d'Arc*,
a donné la généalogie la plus probable, celle où Jacquemin

(1) A la mort de Jean du Lys, en 1501, son héritage ne fut reven-
diqué par aucun descendant direct, ni aucun frère, sœur ou neveu.
Cet héritage fut délivré à la cousine-germaine du défunt, du côté
paternel, Marguerite du Lys, femme d'Antoine de Brunet, par un acte
de la prévôté d'Orléans, en date du 3 octobre 1501. Ensuite, les cousins-
germains du côté maternel, habitant Domrémy, réclamèrent leur
part d'héritage et finirent par transiger avec Antoine de Brunet,
moyennant 12 écus d'or à la couronne. — (Voir BOUCHER DE MOLANDON :
La Famille de Jeanne d'Arc ; son Séjour dans l'Orléanais, ouvrage
remarquable qui a donné la généalogie la plus exacte, jusqu'à présent,
des descendants immédiats des frères de Jeanne d'Arc.

est considéré comme le père de Jean du Lys, et ce dernier comme le bisaïeul de Charles du Lys.

La fille de Charles du Lys, Françoise du Lys, épousa Louis de Quatrehommes ; leur fille, Marie, épousa Achille de Barentin, et la fille de ces derniers, Anne de Barentin, devint la femme, en 1684, de Jacques de Tardieu, marquis de Maleissye (1).

J'arrive aux Villebresme (2). François de Villebresme, qu'on dit avoir été marié à Catherine du Lys, eut comme fille Marie de Villebresme. M. de Maleissye prétend : 1° que Marie de Villebresme n'a jamais existé, vu qu'on ne la trouve pas dans la généalogie Villebresme, etc...

Je prends l'enquête officielle de Caen (janvier 1551) et j'y lis : « Vingt notables, habitants du pays, déclarent avoir connu et fréquenté Jacques Le Fournier, receveur des tailles à Caen, et *Marie de Villebresme,* son épouse, née à Orléans... Tous ajoutent que Marie de Villebresme était réputée généra-

(1) **Armoiries des Tardieu de Maleissye :** *Ecartelé : aux 1 et 4 d'azur, à trois pointes renversées d'or,* qui est de Maleissye ; *aux 2 et 3, d'azur au chevron d'or, accompagné en chef de deux croissants et en pointe d'une croix pattée,* qui est de Tardieu, *le tout d'argent, au chef cousu de gueules, chargé d'une étoile d'or.* — **Cimier :** *la Pucelle issante, tenant de sa main dextre une épée soutenant une couronne et de sa main senestre un étendard.* — **Devise :** *« Tard à Dieu, tout à Dieu. »* — **Cri :** *« La Pucelle ! »*

(2) **Armes des Villebresme :** *D'argent au dragon ailé de gueules, la queue tortillée, à tête au bout, armé et lampassé de sable.*

lement descendre de la lignée de la Pucelle. De ces vingt témoins, les uns déclarent que Marie de Villebresme était fille de *Jeanne Brachet,* épouse de François de Villebresme ; d'autres, en termes moins précis, qu'elle était réputée avoir pour aïeul un Jean ou Louis de Villebresme, lequel aurait épousé une Jeanne d'Ay (au lieu de d'Arc), fille de Jean, frère de la Pucelle, etc... » (1). En nous reportant à la généalogie des Villebresme par le chanoine Hubert (2), nous trouvons les noms de François de Villebresme et de Jeanne Brachet. Celui de Marie de Villebresme n'y est pas, en effet, mais la généalogie du chanoine Hubert n'est complète que pour la branche aînée, et François était un cadet (3). Cette Marie de Villebresme, dont l'existence est attestée par vingt témoins notables, n'est donc pas un mythe. Seulement, deux objections

(1) On remarquera que l'erreur faisant descendre cette Jeanne (que d'autres textes appellent Catherine) de Pierre d'Arc n'est pas générale. Un arrêt du prévôt de Fougères, du 4 août 1734, rattache la famille des Villebresme et des Le Fournier à *Jacquemin.*

(2) Manuscrit 457 *bis* de la bibliothèque d'Orléans. — On trouve bien, dans le manuscrit Hubert, une Marie de Villebresme (fille de Jean de Villebresme IV), mais vers le premier tiers du xvi⁰ siècle. Elle épousa Jacques de Maillé, chevalier, seigneur de Bénéhard, tige des marquis de Bénéhard. Cette Marie de Villebresme serait une arrière-petite-nièce de François de Villebresme et non sa fille.

(3) Un aimable érudit de la Bazoche-Gouët, M. Harmand, a bien voulu confirmer spontanément cette appréciation en nous adressant une suite de descendants des Villebresme, depuis la fin du xv⁰ siècle, qui ne figurent pas dans la généa'ogie Hubert, et dont la liste existe à la Bibliothèque nationale. M. Harmand est lui-même un descendant des Villebresme.

· vont se dresser contre l'affirmation qu'un François de Villebresme aurait épousé Catherine du Lys. La femme de celui
qui est cité dans l'enquête s'appelait Jeanne Brachet. Avait-il
contracté un autre mariage ? Il n'en a jamais été fait mention.
Plusieurs témoins ont indiqué comme époux de Catherine du
Lys un aïeul de Marie de Villebresme en le désignant sous le
nom de Jean ou de Louis. La généalogie Hubert nous apprend
que l'aïeul et le bisaïeul de Marie de Villebresme s'appelaient
tous les deux Pierre. Que de contradictions ! En remarquant
que Jean du Lys, échevin d'Arras, avait épousé Anne de
Villebresme (qui n'est pas notée non plus par Hubert), je me
suis demandé si la parenté des Villebresme avec la famille de
Jeanne d'Arc ne viendrait pas de là. Ce serait alors la destruc-
tion de la filiation des Villebresme avec les du Lys, ceux-ci
ne conservant avec les premiers qu'une parenté collatérale,
mais je me garderai bien d'aller sans preuves sur ce terrain,
où reste néanmoins posé, avec tant d'autres, un nouveau
point d'interrogation.

C'est seulement au milieu du xvi° siècle qu'apparaissent
les premiers documents à la requête des familles intéressées,
et les Le Fournier sont les plus pressés et les plus obstinés
pour obtenir les justifications légales réclamées par les édits
royaux. A partir de cette époque, leur parenté avec la famille
d'Arc est consacrée officiellement, et l'on est obligé de recon-
naître, à l'encontre des doutes exprimés ci-dessus, l'impor-
tance considérable des documents dont nous allons parler.

J'ajoute, pour continuer à être rigoureusement impartial, que ces documents ne remontent pas au delà de 1550, qu'ils sont principalement — je dois dire uniquement pour le premier — basés sur des dépositions orales et qu'ils ne contiennent aucun détail précis et certain sur l'ascendance maternelle de Marie de Villebresme, point de départ de la parenté qui nous occupe.

En octobre 1550, des lettres patentes de Henri II déclarent que Robert Le Fournier, baron de Tournebut (1), ainsi que Luc du Chemin, son neveu, « etoient issuz et descenduz de la lignée de la Pucelle ». L'enquête de Caen, déjà citée, et l'enquête de Vaucouleurs (avril 1551) confirment en termes aussi vagues cette déclaration. Ces lettres patentes ne soulevèrent aucune contestation ni opposition, et pourtant elles furent adressées aux baillis d'Orléans, de Blois, de Chaumont-en-Bassigny et de Caen, et enregistrées à la Chambre des Comptes de Paris le 30 avril 1551 ; elles furent vérifiées à la Cour des Aides de Normandie le 13 décembre 1608.

Henri II ayant, dans des lettres de déclaration données à Amboise le 26 mars 1556, limité les privilèges accordés à la famille d'Arc à ceux qui porteraient ce nom ou qui « seraient issus d'icelle race masculine ou féminine non ayant dérogé à leur état », Robert et Charles Le Fournier obtiennent du roi,

____

(1) Armes des Le Fournier : *D'azur à un sautoir d'argent, accompagné d'une étoile en chef, de deux roses en flanc et d'une pareille rose en pointe, le tout d'argent.* — A partir de l'alliance avec les Villebresme, les armes de la Pucelle.

après un examen préalable des titres, la confirmation des lettres patentes de 1550 comme « étant issus de la race et parentelle de ladite Jeanne, après avoir fait voir les dites lettres de charte octroyées à la dite *Day* (orthographe fréquente pour d'Arc) qui sont en la possession des dits Lefournier ». Sauf en ce qui concerne la charte d'anoblissement spécifiée par le paragraphe précédent, il n'est pas dit sur quels titres avait porté l'examen. C'était certainement sur les lettres patentes et enquêtes précédentes. Mais sur quoi s'appuient les lettres patentes de 1550? Serait-il possible de croire qu'elles ont été rédigées à la légère, sans aucune garantie, ou que Robert Le Fournier a été un intrigant de grande envergure, un impudent imposteur, peut-être un maquignon des consciences, corrupteur des magistrats enquêteurs, voire même un habile faussaire? C'est pour ne rien laisser dans l'ombre que je me permets d'envisager de pareilles hypothèses. Bien que peu vraisemblables, elles ne sont pas impossibles, et les faussaires ont eu beau jeu au moyen âge et au xvi⁰ siècle. Il suffit de citer les fausses Décrétales des papes ; dans ce pays même, les chartes fausses de l'abbaye de Thiron, et dans la famille d'Armagnac, dont une branche posséda le fief de Nogent, les fausses pièces qu'un Jean d'Armagnac, au xv⁰ siècle, fabriqua et réussit à faire accepter, afin d'épouser sa sœur. Mais, jusqu'à plus ample informé, les documents officiels font foi, et toutes les hypothèses doivent rester à l'arrière-plan.

Il existe encore des présomptions en faveur des Le Fournier. Claude du Lys (de Vaucouleurs) déclare dans une lettre de 1609 que le diplôme original d'anoblissement de la famille d'Arc avait été entre les mains du baron de Tournebut. Les lettres patentes de 1556 le déclarent formellement. Comment le baron de Tournebut aurait-il eu en sa possession une pièce aussi importante, s'il n'avait pas été un descendant direct ? « Possession vaut titre, » dit un vieux proverbe ; on peut, il est vrai, répliquer que la possession d'une pièce où l'on n'est pas nommément désigné n'est pas une attestation suffisante, cent vingt ans après, si l'on n'y joint pas des preuves intermédiaires.

MM. de Bouteiller et de Braux et M. de Molandon n'osent pas, en définitive, malgré leurs restrictions, conclure contre la parenté des Le Fournier avec les d'Arc. M. Boucher de Molandon écrit même, dans son ouvrage cité par M. de Maleissye (*la Famille de Jeanne d'Arc*, p. 105 et 106), à propos des familles issues des Hordal, des Villebresme, etc. (1) : « Leur droit incontesté de se dire issus et descendus de la Pucelle, inscrit à toujours dans des actes émanés de l'autorité

---

(1) Jean, échevin d'Arras, est peut-être fils de Jacquemin, frère aîné de Jeanne d'Arc, ou de Jean, prévôt de Vaucouleurs. Il a pu épouser, vers 1450, sa cousine germaine, Jeanne, fille de Jacquemin, et en avoir eu deux fils. — Hauvy, épouse d'Étienne Hordal, et Catherine, mariée à François de Villebresme, pourraient aussi être filles ou petites-filles, soit de Jacquemin, soit de Jean. « Ce sont des hypothèses subordonnées aux découvertes possibles de l'avenir. » (BOUCHER DE MOLANDON.)

souveraine, consacré par une possession plusieurs fois séculaire, leur est irrévocablement acquis et demeure intact. Ce qui constitue leur suprême prérogative, c'est de tenir par un point, *quel qu'il soit*, à cette tige incomparable..... »

En l'état actuel de la question, quels que soient les doutes et les réserves, cette appréciation finale semble la plus sage et même la plus scientifique.

Quant à la descendance de Jacques Le Fournier, baron de Tournebut, M. de Maleissye avance, d'après M. de Bouteiller, qu'elle s'éteignit par les mâles après deux générations. Or, MM. de Bouteiller et de Braux ont rectifié la généalogie des Le Fournier dans leurs *Nouvelles recherches* (p. 91, édition 1879), et on y lit que le petit-fils de Jacques Le Fournier, Jacques II Le Fournier, eut trois enfants, *Jean, Jacques* et Madeleine, nés de 1564 à 1567, « dont la destinée nous est inconnue. » Il y a là ensuite une lacune d'environ 50 ans. Par suite de la vente de la baronnie de Tournebut, achetée pour 30.100 écus, le 11 mars 1580, par Marie de Bourbon, duchesse de Longueville et d'Estouteville, les Le Fournier quittèrent Caen et s'établirent à Condé-sur-Noireau. L'incendie des archives de cette ville a empêché M. l'abbé Lefournier, grand oncle de M. le docteur Lefournier, de remonter au delà de 1626. « Mais il y a plus que de la vraisemblance à ne pas mettre en doute cette origine, car il (l'abbé Lefournier) possède dans ses archives un grand nombre de pièces authentiques des xvi° et xvii° siècles relatives aux descendants immédiats de Jacques Le Fournier. (1) » (De Bouteiller et de Braux.)

En outre, même si l'on admet que les Lefournier actuels ne descendent pas en droite ligne de Jacques Le Fournier, baron de Tournebut, ils se rattachent néanmoins à lui par les femmes d'une manière absolument certaine. En voici très sommairement les preuves, tirées des généalogies authentiques et sans aucune lacune des Bourdon et des Buisson de Cristo de Courson :

La fille de Jacques Le Fournier, baron de Tournebut, *Jeanne Le Fournier*, a comme petite-fille Antoinette Ribault, qui épouse en 1577 Guillaume Bourdon, contrôleur des Finances en la généralité de Caen. Leur fils, Guillaume Bourdon, sieur de Préfossé, épouse en 1622 Jeanne du Buisson de Cristo de Courson, et leur arrière petite-fille, Marie-Anne Bourdon, épouse, le 15 septembre 1725, *Jean-Baptiste Lefournier*, un des ancêtres directs du docteur Lefournier.

Sur ce point particulier, il ne peut y avoir le moindre doute. Quant aux autres questions, qui sont d'un intérêt général autrement important, nous en avons montré toutes les faces, et nous croyons prudent, pour le moment, de ne les trancher ni dans un sens ni dans l'autre.

---

(1) **En 1666, Chamillard constate la noblesse de Charles, Nicolas et Thomas Le Fournier, anoblis en 1491** (*Recherches de la noblesse en Basse-Normandie.* — **Manuscrit de la Bibliothèque de Caen). Les commissaires royaux Roissy et d'Aligre donnent les mêmes indications.**

LETTRES PATENTES DE HENRI II (1556)

Henry, par la grâce de Dieu Roi de France, à nos Amés et Féaulx les généraux conseillers par nous ordonnés tant sur le fait de nos finances que de nos aides à Paris, Rouen et Montpellier, Bailli de Rouen et à tous nos autres Baillifs, Sénéchaux, Provosts, Juges ou leurs lieutenants justiciers et officiers, et à chacun d'eux, si comme à lui appartiendra, salut et dilection, nos chers et bien amés *Robert Le Fournier*, sieur et baron de *Tournebu*, et *Charles Le Fournier*, sieur du *Bois Hurloq*, frères, nous ont fait dire et remontrer comme pour les hauts et chevalureux faits d'armes et services faits à feu notre prédécesseur le Roi Charles le septième que Dieu absolve et à notre royaume par défunte *Jeanne Day* surnommée la Pucelle d'Orléans, et afin d'inciter et éguillonner tous bons serviteurs et zélateurs du bien public, de en suivre les traces et vertus de la dite *Jeanne*. Et aussi pour perpétuer sa mémoire et l'exalter à l'avenir il aurait annobli *Jacques Day*, père, *Isabeau*, mère, *Jacquemin* et *Jean Day* et *Pierre Povrel*, frères de la dite Pucelle ensemble tout le lignage et postérité, nés et à naître en ligne masculine et féminine. Et afin que sans aucun contredit ceux qui proviendraient des dessus dits tant en ligne masculine que féminine pussent jouir et user du privilège de noblesse aurait feu notre dit prédécesseur de ce octroyé ces lettres patentes en forme de chartre au mois de Décembre mil quatre cent vingt neuf, lesquelles à notre avènement à la couronne nous aurions confirmées à la requête des dits *Le Fournier*, étant issus de la race et parentelle de la dite *Jeanne*, pour par eux jouir des privilèges et franchises contenus et déclarés es dites lettres de chartres et par icelles nos lettres de confirmation, nous aurions mandé de souffrir et laisser jouir les dits *Le Fournier* du titre et privilège de noblesse, sans leur donner aucun empêchement, au contraire lesquels gens de nos dits contes avant que procéder à l'entérinement et expéditions de nos dites lettres auraient décerné une commission le vingtième jour d'Octobre mil cinq cent cinquante, adressant aux Baillys, prévôts de Chaumont en Bassigny, Orléans, Blois et Caen pour appeler nos avocats et procureurs, informer si les dits *Le Fournier* étaient descendus de la race et lignée d'icelle JEANNE et pour tels tenus et réputés et si comme tels devaient jouir du dit privilège. Et en outre si les paroissiens du lieu auquel ils faisaient leur principale demeure sauraient cause pour empêcher l'entérinement de nos dites lettres de confirmation et donner sur ce leur avis, ce qu'ils auraient fait et déclaré ne trouver cause pour empêcher que les dits suppléants ne jouissent du dit privilège de noblesse, lesquelles informations et avis vus par les dits gens de nos dits contes auraient procédé à l'expédition et entérinement de nos dites lettres de confirmation et ordonner QUE LES DITS LE FOURNIER JOUIRAIENT DU DIT PRIVILÈGE DE NOBLESSE COMME ÉTANT DESCENDUS EN DROITE LIGNE DE LA PARENTELLE ET LIGNAGE DE LA DITE. Et que depuis seroient ensuivis autres arrêts donnés par les commissaires, par nous députés sur le fait des francs-fiefs et nouveaux acquêts en notre dite chambre du trésor à Paris le troisième jour d'avril mil cinq cent cinquante et un, par lequel ouï notre procureur en la dite cour, aurait été ordonné que les dits suppléants, comme descendus de la dite lignée et nobles, auraient été mis hors de cour et dit qu'ils ne paieraient aucune finance pour le regard des dits francs-fiefs et nouveaux acquêts.

Nonobstant toutes lesquelles informations, avis et ordonnances, ils ont été avertis que par nos lettres de déclaration données à Amboise le vingt sixième jour de mars dernier passé, nous, en interprétant les dites lettres de chartre octroyés à la dite *Jeanne Day* seulement serait permis jouir du dit privilège de noblesse qui porteraient le nom de *Day,* ou qui seraient issus d'icelle, race masculine ou féminine, non ayant dérogé à leur état. Et quant à ceux qui seraient issus du côté maternel et des filles de la dite race, non ayant épousé gens nobles vivant noblement, ils ne jouiraient du bénéfice compris et contenu es dites lettres de chartre au moyen de quoi craignant les dits suppliants que sous le prétexte de nos dites lettres et déclarations on les voulut ou leurs successeurs à l'avenir troubler ou empêcher en la jouissance du dit privilège ayant toutefois vécu noblement eux et leurs prédécesseurs du côté paternel et issus en droite ligne du côté maternel de la race de la dite *Jeanne,* ils nous auraient requis leur vouloir à celle cause nos lettres de provision, savoir faisons que nous, APRÈS AVOIR FAIT VOIR LES DITES LETTRES DE CHARTRE OCTROYÉES A LA DITE DAY QUI SONT EN LA POSSESSION DES DITS LE FOURNIER, nos dites lettres de confirmation, consentement des paroisses où les dits *Le Fournier* sont résidents, avis et conclusion de nos élus et officiers aux dits lieux. Et par celles, informations et autres titres et enseignements desquels ils nous ont fait apparoir trouvé les dits : ROBERT ET CHARLES LEFOURNIER, DU COTÉ MATERNEL EN DROITE LIGNE, ÊTRE DESCENDUS DE LA RACE LA DITE JEANNE POERELLE, ayant vécu eux et leurs prédécesseurs noblement. Expédition des dits gens des comptes arrêts des dits commissaires des francs-fiefs et nouveaux acquéts voulant maintenir et conserver les grâces et faveurs par nos prédécesseurs pour tant bonnes, raisonnables et justes occasions faites à la dite *Jeanne*, nous avons dit et déclaré et de nos grâces spéciales pleine puissance et autorité royale disons et déclarons, voulons et nous plaît par ces présentes que les dits suppliants pour les causes dessus dites aient pu et puissent jouir à toujours du dit privilège de noblesse ensemble toute leur postérité tant masculine que féminine née et à naître en vrai et loyal mariage qui ne dérogera au dit état de noblesse, le tout selon et en suivant les dites lettres de chartre octroyées à la dite Pucelle et nos dites lettres de confirmation arrêt et vérifications des dites gens de nos dits comptes, nonobstant nos dites lettres de déclaration du dit vingt sixième jour de mars dernier et es quelles ne voulons et n'entendons les dits : *Le Fournier*, ni leur dite postérité être aucunement compris ni entendus avec, les en avons exemptés et réservés aux dites lettres de déclaration en tant qu'elles leur peuvent préjudicier et pour leur regard et de leur dite postérité nous avons dérogé et de nos grâces et autorité que dessus dit dérogeons par ces présentes au vidimus desquelles, fait sous scel royal ou collationné par un de nos amés et féaux secrétaires et notaires pour ce que l'on en pourra avoir affaire en plusieurs et divers lieux nous voulons foi être ajoutée comme à ce présent originai et voulons et vous mandons que du contenu et effets de ces dites présentes vous faites souffrir et laisser jouir et user les dits *Le Fournier* et leur dite postérité sans en ce lieu faire, mettre ou donner ne souffrir leur être fait, mis ou donné aucun trouble ou empêchement au contraire. Lesquels sy faidz mis ou donnés leur avaient été ou étaient à l'avenir faites les réparer et remettre incontinent et sans délai au premier état et deu, car tel est notre plaisir nonobstant et comme dessus dit et quelconques ordonnances, restrictions ni autres défenses, lettres et déclarations tant générales que particulières faites ou à faire auxquelles et aux dérogataires d'icelles en ce qu'elles peuvent préjudicier au conteau et effet de ces dites présentes.

Donné à Fontainebleau le deuxième jour de juillet, l'an de grâce mil cinq cent cinquante six et de notre règne le dixième ; et plus bas est écrit par le Roi... maître Thierry DUMONT, maître des requêtes ordinaires de l'hôtel présent. Signé BOURDIN et scellé du grand sceau de cire jaune.

Je, soussigné, Adam DODEMAN, écuyer, seigneur DE PLACY, confesse que l'original dont la copie est ci dessus transcrite m'a été prêté par noble Arthur RADULPHE, seigneur DE VILLERS, auquel je me sumets et oblige le lui rendre toutefois et quant il lui plaira.

Ce quinzième de novembre mil six cent et six.

DODEMAN.   HÉBER.

Armes personnelles de Jeanne d'Arc

Armes des Villebresme

Armes des Le Fournier

Marie de Villebresme, mariée à **Jacques Lefournier**, sieur de Villamblay, baron de Tournebut, grenetier du grenier à sel de Châteaudun, puis receveur de tailles en l'élection de Caen,

d'où 8 enfants.

La 5e **Jeanne Lefournier** épousa le 22 janvier 1523 Étienne PATRIS, docteur ès lois, professeur de l'Université de Caen, puis conseiller et garde des sceaux du parlement de Rouen,

d'où 4 enfants.

L'une, Madeleine PATRIS, épousa le 17 mai 1544 Jean RIBAULT, s^r du Mesnil-St-Jean, receveur général des décimes au diocèse de Bayeux,

d'où 2 enfants.

La 2e, Antoinette RIBAULT, mariée le 17 décembre 1577 à Guillaume BOURDON, s^r de Roquerel, contrôleur des finances en la généralité de Caen,

d'où 3 enfants.

Le 2ᵉ, GUILLAUME BOURDON, sʳ de Préfossé, épousa le 20 septembre 1622 JEANNE DU BUISSON DE CRISTO DE COURSON, fille de Pierre du Buisson de Courson, qui fut échevin de Caen, et de dame Élisabeth Beaudouyn, laquelle était fille de Jean Beaudouyn, seigneur de Sᵗ-Sébastien-de-Préaux, du Fay et de la Chapelle-Gauthier, chambellan de Henri III,

d'où 5 enfants.

Le 3ᵉ, THOMAS BOURDON, seigneur des Jumeaux et de Beuville, épousa le 10 décembre 1653 MARIE ANGOT, fille de Jean Angot, conseiller du roi, commissaire examinateur au siège présidial de Caen,

d'où

MACÉ BOURDON, sieur de Beuville, marié à CATHERINE PERRARD, mort avant 1725,

d'où 5 enfants.

La 5ᵉ, MARIE-ANNE BOURDON, épousa le 15 septembre 1725 **Jean-Baptiste Lefournier**, sʳ de Grandclos(1), descendant

---

(1) « M. l'Abbé Lefournier, curé de Clinchamps-sur-Orne (Calvados), fils de Guillaume-Marin Lefournier, appartient selon toute apparence à la descendance de Jacques Le Fournier. L'absence de pièces probantes antérieures à 16.6, causée par l'incendie qui détruisit à cette époque les registres de la paroisse de Condé-sur-Noireau, lieu d'habitation de ses ancêtres, ne nous permet pas de l'établir d'une manière positive. Mais il y a plus que de la vraisemblance à ne pas mettre en doute cette origine, car il possède dans ses archives un grand nombre de pièces authentiques des xvıᵉ et xvıꞮᵉ siècles relatives aux descendants immédiats de Jacques Le Fournier. Sa généalogie établit de plus une alliance entre sa famille et celle de Bourdon, qui lui permet de réclamer à un autre titre encore cette même parenté ; on y voit en effet que Jean-Baptiste Lefournier épousa en 1725 Marie-Anne de Bourdon, fille de Macé de Bourdon, seigneur de Beuville, qui descend de Guillaume de Bourdon. » — (BOUTEILLER et DE BRAUX : *Nouvelles recherches sur la famille de Jeanne d'Arc*, page 98.)

des Lefournier, seigneurs de Tournebut et par là même
son parent collatéral,

    d'où 6 enfants.

Le 3e, **Pierre Lefournier**, épouse le 4 février 1758 CATHERINE
BRISOLIER,

    d'où 11 enfants.

Le 8e, **Guillaume-Marin Lefournier**, né le 6 avril 1779,
épouse le 20 décembre 1798 SÉRAPHINE COLLIN, apparte-
nant par sa mère aux Bertault de Montbray,

    d'où 13 enfants.

Le 9e, **Henri Lefournier**, marié à LECORNU DUVERGER, petite-
nièce de Tronchet (l'avocat de Louis XVI),

    d'où 6 enfants.

L'aîné, **Victor Lefournier**, marié en 1866 à VIRGINIE BARRIÈRE,

    d'où 2 enfants.

Charles Lefournier décédé en 1886.

Gaston Lefournier, docteur en médecine, marié en 1899
à MARIE-MADELEINE LAURENT,

    d'où :

Charles Lefournier, né à Nogent-le-Rotrou en 1900.